MANDEMENT

DE MONSEIGNEUR

L'ARCHEVÊQUE DE PARIS

SUR

LE RETOUR A LA LITURGIE ROMAINE

PARIS

TYPOGRAPHIE ADRIEN LE CLÈRE

IMPRIMEUR-LIBRAIRE DE N. S. P. LE PAPE ET DE L'ARCHEVÊCHÉ DE PARIS,

RUE CASSETTE, 29, PRÈS SAINT-SULPICE.

—

1856

TOM. II, *pag.* 395.

(50)

MANDEMENT

DE MONSEIGNEUR

L'ARCHEVÊQUE DE PARIS

SUR

LE RETOUR A LA LITURGIE ROMAINE.

MARIE-DOMINIQUE-AUGUSTE SIBOUR, par la miséricorde divine et la grâce du Saint-Siége apostolique, Archevêque de Paris,

Au Clergé et aux Fidèles de notre Diocèse, Salut et Bénédiction en Notre-Seigneur Jésus-Christ.

NOS TRÈS-CHERS COOPÉRATEURS ET BIEN-AIMÉS FIDÈLES,

Le moment nous semble venu de rétablir dans ce grand Diocèse la Liturgie romaine, de resserrer par là les liens de l'unité, et, en effaçant

397

ainsi la diversité, même quand elle pourrait être légitime, et dans des matières qui ne touchent pas à la foi, de prouver d'autant mieux notre amour pour la sainte hiérarchie, notre dévouement à l'Église et à son auguste Chef.

En adoptant aujourd'hui le principe de ce changement, dont nous ne nous sommes jamais dissimulé, pour Paris, la gravité particulière, nous pensons qu'il suffira de vous exposer simplement nos pensées et nos actes à ce sujet, et que vous y trouverez sans peine les motifs puissants de notre détermination.

Nous sommes arrivé dans ce Diocèse avec la conviction intime de la nécessité de ce changement. Elle résultait pour nous de ce travail incessant d'unité qui se fait dans le monde, sous l'œil et l'action de la Providence et par la disposition générale des esprits. Nous connaissions aussi les vœux du Saint-Siége à cet égard, et nous trouvions dans notre cœur tous les sentiments qui devaient nous les faire accueillir. Le Saint-Siége, fidèle à ses traditions, renouvelait dans ce siècle, au milieu de circonstances favorables, les efforts qu'il avait faits dans d'autres siècles, non sans succès, pour effacer les variétés de forme entre l'Église mère et les Églises particulières et créer en tout une parfaite harmonie. Les temps secondaient cette action, conduite avec autant de sagesse et de modération que de persévérance et de fermeté. Les préjugés s'affaiblissaient, les opinions hostiles étaient désarmées, les malheurs mêmes du Saint-Siége avaient heureusement ramené tous les cœurs des Fidèles au centre de l'unité ; car c'est une chose remarquable et bien visiblement providentielle que, pour la Papauté, l'ère des épreuves ait été aussi celle du retour des sympathies, et que l'amour ait donné à la faiblesse des chefs de l'Église bien plus de puissance qu'ils n'en possédaient au temps de leur grandeur. Les gouvernements se montraient ou indifférents ou amis : on n'aurait pas trouvé peut-être un Charlemagne pour faire lui-même dans ses États, à la prière des pontifes, une révolution liturgique ; mais nul non plus ne songeait à l'entraver. En un mot, le mouvement particulier dans la Liturgie faisait partie d'un mouvement général, qui venait de haut, qui avait pour lui l'opinion publique, et que quelques résistances individuelles, appuyées même de raisons plausibles, ne pouvaient pas arrêter.

C'était notre manière de voir, et il n'y avait plus là pour nous qu'une question de prudence et d'opportunité. Cependant, nous devons le dire, vues de près, les difficultés grandirent et nous forcèrent d'ajourner la solution plus que nous ne l'aurions voulu.

Le nombre n'était pas petit de ceux qui avaient conservé l'attachement le plus vif pour une Liturgie vénérable par son antiquité, et par les témoignages que lui avait rendus, disait-on, le saint et glorieux Pontife, que l'adversité avait conduit au milieu de nous.

D'ailleurs nous ne pouvions oublier que la discussion sur ce point s'était envenimée. Des esprits outrés s'en étaient emparés; on parlait d'hérésie. Ce n'était plus une question de discipline, de rubriques, d'histoire; c'était une question de parti; c'était un drapeau, à l'ombre duquel on jetait l'injure à nos Églises, on outrageait la foi de nos pères, on contestait la pureté des sentiments de ces évêques, qui, en donnant leur sang pour la foi s'étaient mis assez à l'abri, ce semble, de tout injurieux soupçon. Ce changement de Liturgie, que notre cœur favorisait, aurait pu nous paraître imposé. Dès lors, notre dignité nous commandait de nous arrêter. Il arrivait ici ce qui se voit d'ordinaire. L'exagération nuisait à la vérité, et un zèle passionné et sans mesure faisait reculer une cause gagnée.

Quand nous assemblâmes, en 1849, le Concile de la province de Paris, les préoccupations que faisait naître un tel état de choses, paralysèrent peut-être, au sujet de la Liturgie, des résolutions déjà formées, mais qu'on se croyait obligé d'ajourner. Rien, en effet, ne fut décrété par le Concile sur cet important objet; mais les Pères voulurent exprimer, par notre organe, au souverain Pontife les véritables sentiments de tous. Dans notre lettre adressée à Sa Sainteté, et qui accompagnait l'envoi des décrets du Concile, nous nous exprimions ainsi :

« Il est un vœu, très-Saint-Père, formé par le Concile de Paris, et que

» ces décrets ne pouvaient contenir qu'implicitement, mais que nous
» aimons à répandre dans le sein de Votre Paternité. Ce vœu est relatif
» à l'unité liturgique. Nous applaudissons à cette tendance qui se mani-
» feste de toutes parts vers la Liturgie romaine. Si des obstacles encore
» insurmontables nous empêchent de nous y associer, nous avons
» résolu d'un commun accord de chercher à les écarter, s'il est pos-
» sible. Des changements de cette nature, qui touchent à des habitudes
» anciennes, prises par le peuple, ne peuvent pas être tentés sans
» exciter du trouble dans les esprits, et ils ont besoin d'être préparés avec
» beaucoup de sagesse et une prudente lenteur. Mais enfin, il nous est
» peut-être permis d'espérer qu'un moment viendra, où toute la pro-
» vince de Paris pourra donner à Votre Sainteté la consolation d'un réta-
» blissement solennel du rite romain.

» Nous oserons cependant dire à Votre Sainteté, qu'on enlèverait tout
» motif plausible aux défenseurs des liturgies nouvelles, si, selon l'in-
» tention plusieurs fois manifestée par le Saint-Siége, on entrepre-
» nait une nouvelle révision du Bréviaire romain. Nous pensons que
» le retour à une liturgie commune serait alors bien plus facile, et
» pourrait être beaucoup plus prompt.

» Quoi qu'il en soit, très-Saint-Père, comme nous tenons tous à l'unité
» par le fond de nos entrailles, nous ne cesserons pas de la rechercher,
» même en ce qui n'est que de discipline. »

Nous prenions ainsi, à la face de l'Église, un engagement sacré, et,
au milieu de toutes les difficultés des circonstances, nous pouvons nous
rendre le témoignage, qu'en faisant la part de la prudence et de la tem-
porisation nécessaires, nous ne l'avons jamais oublié.

Nos vénérables collégues de la province de Paris, placés dans des
conditions plus favorables, ont pu aussi, la plupart d'entre eux, réaliser la promesse solennelle faite au souverain Pontife, et surmonter plus
tôt que nous les obstacles, qui s'opposaient, dans leurs diocèses, au
changement de Liturgie.

Pour nous, il nous a fallu plus de temps, et, si l'on songe à tous les

7

obstacles qui s'élevaient sous nos pas, si l'on considère surtout que le
diocèse de Paris, depuis très-longtemps en possession de sa liturgie
particulière, où ne s'étaient produites dans les derniers temps, que de
légères modifications, avait plus de titres que les autres à la conserver,
on ne sera pas étonné que nous n'ayons rien voulu paraître précipiter.

Nous portâmes ces dispositions aux pieds du Saint-Père, dans notre
voyage *ad limina Apostolorum*. Nous exposâmes avec une entière
ouverture de cœur les motifs que nous pouvions avoir pour et contre
ce changement, et, sûr de la sagesse du Père commun des fidèles,
nous le laissâmes, avec le dévouement le plus filial, juge suprême de la
question.

Le Pape, après notre exposé, ne décida rien, ne nous ordonna rien
avec autorité. Il se contenta de nous exprimer son désir, et il en confiait
l'accomplissement à notre prudence et à notre attachement au Saint-
Siége. Mais il nous était facile de voir que cette admirable réserve du
Père n'enlevait rien à la vivacité des vœux du Pontife, et que notre
Église, en les exauçant, comblerait son cœur de joie. Il se montrait
disposé, pour diminuer les regrets et surmonter les répugnances, à nous
faire diverses concessions, qui devaient, surtout aux yeux des fidèles,
atténuer ce que le passage d'un rite à un autre pouvait avoir de trop
brusque ou de trop contraire à de louables coutumes. Ainsi d'anciens
usages propres à l'Église de Paris, que leur antiquité rendait sacrés,
devaient être soigneusement conservés, comme par exemple en ma-
tière de cérémonies et de chants liturgiques, ce qui était entré pro-
fondément dans les mœurs et les habitudes des peuples.

Nous lui parlions, avec une estime sentie, de notre Liturgie, vénérable au fond par son antiquité, toute pleine de l'Écriture et des Pères,
qui avait donné sa forme à une piété sincère et éclairée, où tout était si
bien combiné, si élégamment exprimé, qui charmait le cœur, sans
offusquer en rien le bon goût, enfin, qui était comme un héritage
précieux de nos pères dans la foi, tout baigné et consacré par leur
sang.

401

A côté de ces considérations nous osions faire ressortir quelques-uns des défauts que les réformes précédentes avaient laissé subsister dans le Bréviaire romain : une répartition incomplète du Psautier, des hymnes d'une poésie bien défectueuse, quelques légendes apocryphes et dont les détails, dans ce temps où les âmes ont si peu de naïveté, risquent de blesser au lieu de nourrir la piété. Nous émettions alors le vœu d'une réforme plus complète, et il nous semblait que ce serait une œuvre bien utile et qui ferait faire à l'unité liturgique un pas décisif, à l'abri de tous regrets et de tout retour.

Nous eûmes en ce moment la consolation d'apprendre de la bouche même de Pie IX, que cette réforme était le sujet de ses préoccupations, et que peu de jours auparavant il avait donné des ordres pour qu'on lui présentât les manuscrits déposés au Vatican et où se trouvaient des travaux liturgiques précieux. Il y a là, à ce qu'on assure, une œuvre commencée et fort avancée par un savant Pape, dans le sens dont nous parlions, et nous pouvons espérer maintenant que le zèle si fervent et si éclairé de Pie IX saura rendre un jour la vie à ces éléments restés informes, et dotera le monde catholique de cette œuvre inestimable.

Mais la question d'unité, étant toujours dominante, effaçait toutes les questions secondaires de forme et d'art, et il est évident, que seule, elle faisait une juste et décisive impression sur Pie IX, comme sur nous-même. Il est si doux, en effet, quand on est de la même Église, de la même famille, quand on reconnaît partout des frères, sous tous les climats, dans tous les pays où l'on se rencontre, de pouvoir répéter, comme en une langue universelle, les formules de la prière, qui, dites en commun, empruntent à l'universalité même une si grande puissance ! Il est si doux de s'agenouiller aux mêmes autels, de compter les jours par les mêmes fêtes, par les mêmes impressions pieuses ! C'est là une des plus grandes consolations du catholicisme, et elle n'est complète que par l'unité liturgique, alors que l'âme s'exalte aux mêmes accents, qu'on entend les mêmes harmonies, qu'on assiste aux mêmes cérémonies saintes, en un mot que les cœurs, autant que cela est possible, vibrent à l'unisson.

La veille même de notre départ de Rome, lorsque nous avions déjà pris congé de Sa Sainteté, le 19 janvier 1855, nous reçûmes un bref précieux, où s'épanchait l'âme paternelle de Pie IX, et où les principaux points de nos entretiens étaient touchés. Au sujet de la liturgie le Pape nous écrivait : « Quant à l'usage de la Liturgie romaine, dont vous » nous avez parlé, vénérable Frère, sans déguiser aucune des difficultés » que présente son rétablissement dans vos églises, il est assurément » d'une haute importance ; car c'est le lien qui rattache et unit plus » étroitement les autres églises à ce centre de la religion. Il est donc » assez évident que nous avons le plus grand désir de nous rattacher » par ce lien plus étroit le clergé de la capitale de la France, de cette » cité si populeuse, sur laquelle à la vérité planent quelquefois des » nuages, mais qui les voit par bonheur se dissiper presque aussitôt aux » rayons de lumière que répandent les œuvres de piété et de charité » croissant de jour en jour, et se multipliant pour l'édification de tous, » grâce au zèle, aux travaux et à l'activité du clergé de Paris. »

Nous répondîmes à ce Bref en fils soumis et dévoué, et, quant à la Liturgie romaine, nous renouvelâmes, comme nous le devions, l'engagement de travailler de toutes nos forces à l'aplanissement des obstacles.

Le Pape nous adressa, le 1er mars de la même année, une nouvelle lettre, où Sa Sainteté nous disait toute sa joie en voyant les dispositions dont nous étions animé pour introduire dans notre Diocèse, selon ses désirs, la Liturgie romaine.

Après ces vœux répétés, si clairement et si vivement exprimés, nous aurions pu ajourner encore l'œuvre du changement de Liturgie, sans manquer à l'autorité du Siége Apostolique ; mais nous ne le pouvions plus, sans blesser les sentiments de filiale affection que nous avons toujours professée pour le Chef de l'Église.

Au milieu de tous nos travaux, nous ne perdîmes plus de vue ce grave objet, et le 3 octobre 1855, nous adressâmes la lettre suivante au vénérable Chapitre de Notre-Dame :

A notre vénérable Chapitre de Notre-Dame, à Paris.

VÉNÉRABLES FRÈRES,

La question liturgique s'agite autour de nous depuis plusieurs années. Il est visible qu'il y a une tendance des esprits à se rapprocher de la Liturgie romaine, et à faire disparaître les différences et les variétés admises sans difficulté, dans d'autres temps, et sans préjudice aucun, il faut le dire, de cette vraie et essentielle unité, sans laquelle on ne serait pas catholique. Les souverains Pontifes, qui jusqu'ici avaient gardé le silence et semblé approuver nos diverses liturgies, ont exprimé, dans ces dernières années, en plusieurs circonstances, un sentiment différent et leur vif désir d'un retour complet à la Liturgie romaine, quand ce retour sera possible, sans trop d'inconvénients. Dans leur sagesse cependant, ils n'ont jamais voulu rien commander à ce sujet, et ils ont laissé aux Évêques le soin d'apprécier, d'aplanir les obstacles et de choisir le moment opportun pour ce changement.

Nous n'avons jamais perdu de vue cette grave question, depuis que la divine Providence nous a fait asseoir sur le siège de l'Église de Paris. La prudence nous faisait une loi de ne rien précipiter, de ne rien céder, surtout à des entraînements irréfléchis et trop souvent passionnés ; mais notre fidèle attachement au Saint-Siége ne nous permettait point de ne pas porter une grande attention à des tendances si conformes aux intentions des souverains Pontifes et que nous avions été des premiers à favoriser dans notre ancien Diocèse.

Depuis, la plupart des diocèses de la province de Paris ont pu réaliser, ou sont sur le point de réaliser le changement annoncé. On ne nous fera pas un reproche d'avoir pris plus de temps. Il est facile de comprendre que nous nous trouvons, à Paris, dans une situation particulière, et que, quelle que soit la résolution que nous prendrons, soit celle d'un changement prochain, soit celle d'un ajournement nouveau, nous devons marcher avec une prudente réserve, et agir plus que jamais, avec une complète maturité.

Cependant, s'il est vrai que notre situation, à Paris, en ce qui regarde la Liturgie, est exceptionnelle, il est vrai aussi que nous avons des motifs exceptionnels de nous occuper de cet important objet.

Dans notre dernier voyage à Rome, le souverain Pontife nous entretint longuement de cette question et ne nous laissa pas ignorer la joie que lui causerait l'adoption, à Paris, de la Liturgie romaine.

Nous ne dissimulâmes pas les difficultés qui, jusqu'ici, nous avaient arrêté, mais nous nous engageâmes à examiner de plus près les obstacles et à mettre tout notre zèle et toute notre prudence à les aplanir.

Depuis notre voyage, nous avons reçu du Saint-Père divers brefs où le même désir, relatif à la Liturgie, est exprimé.

Nous ne pouvons donc différer davantage d'aborder directement cette grande affaire et de commencer l'instruction qui doit en précéder et en éclairer la solution. Au premier rang des documents, qu'il nous faut recueillir dans cette cause, notre devoir nous fait placer l'avis du vénérable Chapitre de l'Église Métropolitaine. Nous aimons à vous consulter pour toutes les affaires importantes du diocèse; mais quand il s'agit de la Liturgie, le droit nous en fait une obligation.

Nous désirons donc, vénérables Frères, que vous vous réunissiez capitulairement, dès que vous aurez reçu notre lettre, et qu'après avoir invoqué l'Esprit-Saint, vous délibériez, avec calme et une pleine liberté, sur la question du retour à la Liturgie romaine. Vous voudrez bien nous faire parvenir, sans délai, la délibération que vous aurez prise à ce sujet. Cette délibération, pour qu'elle ait tout son poids, devra, non-seulement nous faire connaître l'avis de la majorité du Chapitre, mais le nombre de voix dont se compose cette majorité.

Recevez, vénérables Frères, la nouvelle assurance de notre bien affectueux dévouement.

† MARIE-DOMINIQUE-AUGUSTE,
Archevêque de Paris.

Le vénérable Chapitre nous répondit par la délibération dont nous reproduisons ici le texte, et il y joignit une lettre toute pleine de son attachement à son ancienne Liturgie, et qui respire d'un bout à l'autre le dévouement le plus pur pour le Saint-Siége et pour Nous.

Extrait du Registre du Chapitre de l'Église Métropolitaine de Paris.

CONCLUSION PRISE EN ASSEMBLÉE CAPITULAIRE, LE 26 NOVEMBRE 1855.

« Le Chapitre de l'Église Métropolitaine de Paris, assemblé capitulairement :

» Vu la lettre de Monseigneur l'Archevêque de Paris, en date du 3 octobre 1855, communiquée au Chapitre le 28 du même mois,

» Par laquelle Sa Grandeur, après avoir fait connaître au Chapitre « la joie que » causerait au Saint-Père l'adoption de la Liturgie romaine dans le diocèse de Paris ; » le désir que Sa Sainteté lui en a plusieurs fois manifesté, tant de vive voix que par écrit ; et l'engagement pris par Sa Grandeur « de mettre tout son zèle à aplanir les obstacles qui pourraient retarder l'accomplissement de ce désir ; »

» Invité le Chapitre à délibérer avec une entière liberté, sur cette question ;

» Considérant que, dans la lettre par laquelle Monseigneur l'Archevêque transmit au Saint-Siége les décrets du dernier concile provincial de Paris, tenu en 1849, Sa Grandeur déclare, au nom de tous les Évêques de la province, qu'ils applaudissent d'un commun accord « à la tendance qui se manifeste, de toutes parts, vers » l'unité liturgique, » et qu'ils espèrent que bientôt la province entière de Paris pourra adopter la Liturgie romaine :

Considérant que, sans donner aucun ordre sur ce point, le Saint-Siége fait assez comprendre, par l'expression réitérée de ses désirs, qu'il regarde l'unité de Liturgie comme une chose de haute importance pour le bien général de l'Église ;

» Considérant que, dans cette circonstance solennelle et en présence d'un vœu formel exprimé par le Père commun des fidèles, il convient à l'Église de Paris de donner une preuve nouvelle de sa soumission filiale au Saint-Siége, en faisant, pour entrer dans les vues du souverain Pontife, le sacrifice de sa Liturgie particulière, quels que soient son attachement et son respect pour cette Liturgie qu'elle a conservée jusqu'à ce jour, sous les yeux du chef suprême de l'Église, comme un précieux dépôt que lui avaient légué la piété et la science de ses pontifes, et qui a fait, pendant un grand nombre de générations, l'édification du clergé et des fidèles ;

» Considérant que Monseigneur l'Archevêque peut seul apprécier, dans leur ensemble, les difficultés qui se rencontrent dans l'exécution d'un changement aussi important, et juger avec pleine connaissance de cause des concessions qu'il y aura lieu de solliciter, lors de la réalisation de cette mesure ;

406

» Le saint nom de Dieu invoqué :

» Déclare qu'il regarde comme une loi le vœu exprimé par le souverain Pontife et qui lui a été notifié par Monseigneur l'Archevêque : En conséquence ; est d'avis qu'il y a lieu d'adopter la Liturgie romaine dans l'église et le diocèse de Paris ; s'en remettant d'une manière absolue à la prudence de Sa Grandeur, pour le temps et la manière de faire ce changement. »

Pour extrait conforme aux registres du Chapitre.

Le Président de la séance du 26 novembre 1855,

TRESVAUX,

Chanoine, Président.

Le Secrétaire du Chapitre,

RAVINET,

Vicaire-général, Secrétaire du Chapitre.

En se rendant aux vœux du Saint-Père, malgré des regrets qu'il ne dissimulait pas, le Chapitre était l'interprète fidèle de tout le clergé de Paris. Nous donnâmes bientôt après communication au Saint-Siége de toutes ces pièces, qui contenaient de si louables sentiments, et Pie IX, le 27 décembre dernier nous répondit par le Bref suivant :

PIE IX. P. P.

VÉNÉRABLE FRÈRE, *Salut et bénédiction apostolique.*

C'est avec un plaisir extrême que nous avons reçu votre lettre du 17 de ce mois ; car elle nous a fait connaître avec combien de sollicitude, de prudence et de zèle, vous consacriez vos soins à rétablir dans le diocèse de Paris, conformément à nos désirs, la Liturgie de l'Église Romaine. Ce n'est certes pas avec moins de joie que nous avons compris de plus en plus l'amour filial et le respect que les Chanoines de votre Église métropolitaine font gloire de nous témoigner à nous et au Siége Apostolique. En effet, bien qu'ils fussent attachés de cœur à une Liturgie ancienne et propre au diocèse de Paris, ces Chanoines, assemblés régulièrement le 26 de novembre dernier pour traiter de cette affaire, sur laquelle vous les aviez consultés en les informant de nos désirs, voulant donner une preuve plus sensible de leur respect pour nous et pour le Saint-Siège, ont déclaré hautement et sans détour, qu'ils regardaient l'expression de nos vœux comme une loi à laquelle ils se soumettaient avec empressement, et que par suite, toute difficulté étant levée, la Liturgie de l'Église Romaine, mère et maîtresse de toutes les Églises, serait mise en usage tant dans la Basilique Métropolitaine que dans tout le diocèse de Paris. Nous vous félicitons donc avec effusion, vénérable Frère, de l'issue de cette affaire qui nous a procuré une très-grande consolation, et nous vous prions en même temps de donner, en notre nom, auxdits Chanoines les éloges qu'ils méritent; de les assurer de notre tendresse paternelle et toute particulière et de leur faire connaître combien nous attachons de prix à cet acte, témoignage si éclatant de leur profond et filial amour pour Nous et pour la Chaire de Pierre. Nous avons la confiance que cet exemple sera un puissant entraînement pour tous, et en particulier pour le clergé de votre Diocèse, à embrasser la Liturgie romaine. Nous ne doutons pas que vous ne continuiez à faire tous vos efforts pour terminer cette affaire selon nos vœux. Nous profitons, avec le plus grand plaisir, de cette occasion, pour vous exprimer de nouveau et vous confirmer l'assurance de notre bienveillance toute spéciale. Vous en trouverez le gage dans la bénédiction apostolique que nous vous donnons avec la plus grande affection, à vous, vénérable Frère, à nos bien-aimés fils les Chanoines de votre Église Métropolitaine, à tous les autres Membres du clergé et aux Fidèles confiés à votre vigilance pastorale.

Donné à Rome, près la Basilique de Saint-Pierre, le 27 décembre de l'an 1855, dixième de notre pontificat.

PIE IX. P. P.

Après de tels actes et de telles paroles, la cause est finie et il ne nous reste plus qu'à proclamer en principe, l'adoption de la Liturgie romaine, dans notre Diocèse de Paris.

408

Nous allons où le souffle de Dieu nous pousse. Il y a une loi divine des choses qui les mène à l'unité. Nous obéissons au principe toujours actif de notre foi. L'Église vit d'unité et d'ordre. L'ordre et l'unité reposent sur les saintes règles de la hiérarchie. C'est par là que l'Église est cette lyre harmonieuse, selon la parole de saint Ignace, dont les accords sont parfaits. Il ne peut pas être que des portions du troupeau repoussent longtemps les vœux formels du premier Pasteur, se refusent à écouter la voix de son cœur, diffèrent sans cesse des rapprochements qu'il souhaite. Dans le monde des âmes, c'est l'amour qui est le levier principal. L'amour obéit plus volontiers à des désirs qu'à des commandements. De quel droit parlerions-nous d'obéissance filiale à nos prêtres et à nos fidèles, si nous ne commencions par obéir nous-même en fils tendre et dévoué au père commun des fidèles et des prêtres, en allant au-devant de ses vœux?

Il y a certainement dans une unité qui doit embrasser l'univers entier, des diversités permises et même nécessaires. C'est un des caractères de l'Église d'admettre dans son sein, sans rien perdre de sa force et de sa beauté, toutes les variétés de forme que revêt l'esprit humain à travers l'espace et le temps, *circumdata varietate*. Il y a même des différences d'habitude et de caractère qui, chez des peuples placés sous d'autres cieux et dans d'autres climats, exigent peut-être quelques diversités de rite. C'est ainsi que les Liturgies orientales ont leur raison d'être. Les souverains Pontifes en proclament hautement la légitimité, et ce serait une faute que de ne pas les respecter.

Mais il n'en est pas ainsi dans le monde latin, plus rapproché du centre de l'Église et soumis à son action immédiate. Toute diversité, dès l'instant qu'elle est trop aperçue, y devient choquante et tend d'elle-même à s'effacer. Et si ce grand mouvement des choses de l'Église n'avait en définitive son principe en Dieu, on pourrait dire, en ce moment, que c'est une loi de la nature, qui par le rapprochement des distances, par la rapidité prodigieuse des communications, par l'échange continuel des idées, des habitudes et des mœurs, travaille de concert avec les principes de notre foi, à resserrer entre les hommes les liens de l'unité!

Nous adoptons donc en principe la Liturgie romaine, quelque légitime
et respectable que puisse être en elle-même notre propre Liturgie. Maintenant pour l'application du principe, avant d'arriver à la pratique, on
comprend que des préparations prochaines sont encore nécessaires, et
qu'elles demanderont quelque temps. Nous fixerons donc, par une ordonnance spéciale, quand tout sera prêt, le moment où la Liturgie romaine
sera obligatoire. Jusque-là rien ne sera changé à l'ordre actuel, et les
offices, dans les paroisses, continueront à se faire selon le rite de Paris.

A CES CAUSES,

Après en avoir de nouveau conféré avec nos vénérables Frères les
Chanoines et Chapitre de notre cathédrale,

NOUS AVONS ORDONNÉ ET ORDONNONS CE QUI SUIT :

ARTICLE PREMIER.

Nous adoptons en principe pour notre Diocèse la Liturgie romaine.

ART. 2.

Une commission nommée par Nous préparera ce qui est nécessaire,
dans la pratique, pour cette adoption.

ART. 3.

Cette commission ayant à s'occuper de trois objets principaux et dis-
tincts : la composition du Propre du Diocèse, ce qui regarde les Cérémonies, et, enfin, le Chant, se divisera en trois sous-commissions.

363

Art. 4.

Ces trois sous-commissions restent indépendantes l'une de l'autre, et dès lors travaillent à part, quoique en même temps. A la fin, chacune nous présentera un rapport contenant l'ordre de ses opérations et les conclusions qu'elle propose.

Art. 5.

Quand tout sera prêt, nous fixerons, par une autre ordonnance, le moment où la Liturgie romaine deviendra obligatoire dans le Diocèse de Paris.

Et sera notre présent Mandement publié au prône de la messe paroissiale, lu dans les chapelles des Communautés, Colléges et Hospices, le dimanche, qui en suivra la réception, et affiché partout où besoin sera.

Donné à Paris, sous notre seing, le sceau de nos armes et le contreseing du Secrétaire général de notre Archevêché, le 1er mai 1856.

MARIE–DOMINIQUE–AUGUSTE,
Archevêque de Paris.

Par Mandement de Monseigneur l'Archevêque,
E. J. LAGARDE, *Chan. hon. Secrét. Gén.*

PARIS. — Typographie ADRIEN LE CLERE, imprimeur de N. S. P. le Pape et de l'Archevêché
Rue Cassette, 29, près Saint-Sulpice.

411

www.ingramcontent.com/pod-product-compliance
Lightning Source LLC
Chambersburg PA
CBHW060732280326
41933CB00013B/2609